그리움은 하늘에 닿아

장희주 시집

시음사
시사랑 음악사랑

시인의 말

시인은 언제나 먼 나라 이야기 같았습니다
오래 꾸어온 꿈은 세월 속에 희미해져
결국 나와는 거리가 먼 줄만 알았습니다

그러나 우연한 인연으로 시인이 되었습니다
밤잠을 설칠 만큼 설레고 행복했지만
현실 앞에서 그 무게를 깊이 느꼈습니다

편히 쓰던 글이 조심스러워졌고
한 줄 한 줄에 책임을 담게 되었습니다

이제는 나를 위로하던 글이
누군가의 마음에도 작은 위로가 되기를 바랍니다

오랫동안 가슴속에 품고 살아온 그리움
그 이름을 따라 시집의 제목을 정했습니다

"그리움은 하늘에 닿아."

이 시집을 하늘에 계신 엄마께 바칩니다

이제는 놓아드리려 합니다
부디 편안하시길 기원합니다

옆에서 말없이 도와주며
시집 내보라고 등 떠밀어준
남편 박해종 님
고맙습니다

응원해 준 우리 가족 모두에게
감사의 마음을 전합니다.

2025년 가을날에
시인 장희주

- 목차

1부

하얀 목련 …………………… 9
그리움 ……………………… 10
우주 ………………………… 11
엄마 ………………………… 12
호박 ………………………… 13
살다가 문득 ………………… 14
엄마 나무 …………………… 15
옹이 ………………………… 16
그리움 꽃으로 피어나다 … 17
엄마의 선물 ………………… 18
빗소리 ……………………… 20
찔레꽃 ……………………… 21
그리움 2 …………………… 22
그리움이 된다 ……………… 23
어머니의 싸리 회초리 …… 24
하나 달고 나오지 ………… 26
풍등 ………………………… 27
내 고향 ……………………… 28
감꽃 ………………………… 29
어깨 위에 핀 소금꽃 …… 30

2부

비닐우산의 추억 …………… 32
어린 추억 …………………… 33
빗방울 ……………………… 34
내 마음속의 그대 ………… 36
떡갈나무 …………………… 37
아버지의 어깨 ……………… 38
단풍나무 …………………… 39
어머니 ……………………… 40
할미꽃 ……………………… 42
엄마의 자장가 ……………… 43
고요한 산사에서 …………… 44
내 마음속 우산 …………… 46
사랑과 그리움 ……………… 48
가을비 ……………………… 49
꽃길 ………………………… 50
우체통 ……………………… 51
들국화 향기 따라 ………… 52

3부

아버지의 수박 54
하얀 고무신 56
밥 57
일기장 58
이별은 늘 그리움이 되고 ... 60
추석 풍경 61
보리밭 62
추억의 끝자락 64
돌배나무 65
별빛 내리는 밤 66
며느리 밥풀 꽃 67
동백꽃 68
커피 한 잔에 담긴 사랑 ... 69
산사에서 마신 봄 70
담쟁이덩굴 72
꽃다발 처음 받던 날 73
가을이 오는 길 74
고추잠자리 75
건망증 76
가을이 오는 길목 77
둥지 78
靑巳의 몸부림 79

4부

허물을 벗고 81
입추 82
노을 83
평등 84
강아지풀 85
여름 삼매경 86
가을 당신 88
참나리의 사랑 90
말하지 않아도 91
가을날 92
홍시 94
풍경 96
가을 97
어디쯤일까, 그 냇물 98
여름날의 어린 추억 99
꽃의 눈물 100
비 101
하늘 말나리 102
허수아비 103
빗물에 세수한 아침 104
어린 추억들 어디로 갔을까 .. 105

- 목차

5부

너를 사랑하는 일	107
작약의 일생	108
달항아리	109
개망초	110
칠월은	112
능소화	113
낙화	114
아침을 알리는 것들	115
참새	116
시를 줍다	117
바위틈에 핀 꽃	118
양귀비꽃	119
제비꽃	120
6월의 숨결	121
아가야 너 거기 있어라	122
네잎클로버	124
여름을 보내며	125
풀의 향기	126
가을 참 좋다	127
오월	128
봄이	129

6부

칠석	131
여름 낙엽	132
옆자리	133
시래기	134
어머님의 텃밭	136
나비	138
밀양댁	139
어머님의 실패	140
인연	142
손자	143
윤회	144
부부	146
빨래	148
12월의 첫날에	149
내 마음의 정원	150
찻물	152
당신	153
봄편지	154
세월로 가는 기차	155
삶은 그렇게 흐른다	156
내 인생의 사계	157
그리움은 하늘에 닿아	158

QR코드 스마트폰으로 QR 코드를 스캔하면
시노래와 시낭송을 감상할 수 있습니다

 제목 : 하얀 목련
시낭송 : 박영애

 제목 : 엄마 나무
시낭송 : 박영애

 제목 : 옹이
시낭송 : 박영애

 제목 : 어깨 위에 핀 소금꽃
시낭송 : 박영애

 시노래 : 우체통

 제목 : 돌배나무
시낭송 : 장화순

 제목 : 가을 당신
시낭송 : 박영애

 시노래 : 말하지 않아도

 제목 : 풍경
시낭송 : 조한직

 제목 : 가을날
시낭송 : 박영애

 시노래 : 너를 사랑하는 일

 제목 : 빨래
시낭송 : 박영애

 제목 : 삶은 그렇게 흐른다
시낭송 : 박영애

 제목 : 내 인생의 사계
시낭송 : 박영애

 제목 : 그리움은 하늘에 닿아
시낭송 : 박영애

 본문 시낭송 모음

영상은 YouTube 정책 또는 운영 관리에 따라 삭제될 수도 있습니다.

시인은 자연을 이야기하고 시낭송가는 자연을 품었다
글자는 날개를 달아 언어로 날고 소리는 자연에 눕는다

1부

햇살 따라 들꽃이 피어나듯
그리움도 눈부시게 깨어나고

웃음소리와 손길, 따뜻한 눈빛이
추억 속 꽃잎 되어 다가온다

[그리움 꽃으로 피어나다] 중에서

하얀 목련

겨우내 봉오리로
추위를 견뎌낸 목련

어머니의 태반 같은
봉오리로 감싸안고
긴 겨울을 지났다

새봄에 잉태했던 생명은
어머니의 살갗을
찢고 나온 아기처럼
뽀얀 속살을 내민다

어머님 얼굴 닮은
하얀 목련
하늘 위로
하얗게 피어오른다

하얀 저고리
곱게 다려 입은
젊은 날의 어머님 같은
곱고 고귀한 꽃잎

희고 고운 자태로
봄바람 따라
봄 길로
그대가 오신다

곱디고운 봄 길
버선발로
사뿐히 오신다
어머니가 오신다.

제목 : 하얀 목련
시낭송 : 박영애
스마트폰으로 QR 코드를 스캔하면
시낭송을 감상할 수 있습니다

그리움

짭조름한
소금물이 흘러
입안으로 들어올 때
가슴속에 그대
들어옵니다

함박꽃을
좋아하셨던
그리움을
만들어 버린
그 이름, 어머니

우주

어릴 때
엄마는 나의 우주

엄마 무릎 끝에
오남매 옹기종기
엄마의 옛날이야기 보따리에
침 꿀꺽 삼키던 시절

며칠을 땀 흘리며 앓던 꿈속
어둠 속 낭떠러지로
한없이 떨어져 갈 때
엄마가 보이지 않는 게
가장 큰 두려움이었던 기억

그 큰 우주 속에
살던 내가
이젠
우주가 되었다

엄마

엄마 가신 지 올해로 23년
그때 엄마 나이 예순셋
지금 내 나이 예순셋
아직은 그래도 곱기만 한데

너무 일찍 가셨네
잊으려 해도
더 또렷해지는 기억
올해는 더 그리운

엄마의 모습도
가물거리는 세월 속
어느 날 문득 거울을 보니
거울 속에 엄마가 있네

잊지 말라고
딸 얼굴에
엄마 얼굴 새겨놓으셨네

어느 날 문득
그립고 또 그리운 날
슬며시 거울 앞에 선다
보고픈 엄마 얼굴 찾는다

호박

순박한 시골 처녀 같은
노란 호박꽃 피어 있다

수줍은 새악시처럼
조그만 열매를 품고
애지중지 키워내는 꽃

자식 품은 엄마를 닮았다

엄마가 된 그 순간
꽃잎은 조용히 져버리고
세월의 시련을 참고 견뎌
자식처럼 품어낸 호박

세월 속 골이 깊어지고
주름진 엄마의 얼굴처럼
풍상을 견뎌낸 커다란 호박이
들판에 조용히 앉아 있다

온 세상 인고의 세월을
가만히 품어 안고
치맛자락 넓게 펼치고
묵묵히 앉아 있다

살다가 문득

살다가 문득
하늘을 올려다본다

파아란 하늘가에
하얀 뭉게구름 피어오르면
구름 속에 그리움이 피어난다

나도 모르게
문득 하늘을 올려다보는 이유
그리움이 차올라
눈물 흘리지 않기 위함이다

가을날 하얀 구름
내 그리움만큼 몽글몽글 피어오르고
그 속에서 그리운 얼굴을 찾는다

잊힐 법도 한 세월인데
늘어나는 세월의 무게만큼
그리움의 무게도 비례한다

하늘 파란 가을이면
자꾸만 하늘을 올려다본다

엄마 나무

엄마라는 커다란 나무
우리는 그 나무에 매달린 열매

가지 끝에 매달려
엄마 나무의 영양분을
먹고 자란다

잔가지 펼쳐 단단해지고
그 가지 끝에 결실의 열매가 열린다

푸른 잎새 가득 채워
소중한 열매를 보호하고
그 열매는 성장하여
가지 끝을 떠난다

한아름 품어 안았던 결실이 떠나고
소중히 감싸던 잎새도
바닥에 내려놓는다

평생을 키워내고 남은 것은
내려놓은 앙상한 빈 가지뿐
모든 것을 다 내어준
나목으로 서 있다

엄마 나무는 다시 꿈을 꾼다

잎새 돋고
꽃 피워
새로운 열매 품어 안는 꿈을

제목 : 엄마 나무
시낭송 : 박영애
스마트폰으로 QR 코드를 스캔하면
시낭송을 감상할 수 있습니다

옹이

칼자국 남은 자리마다
옹이가 돋아난다

바람이 남긴 흠집도
세월을 건너며 굳어지고
햇살을 받아
천천히 숨결이 된다

빗방울 스며든 자리에
시간이 켜켜이 쌓이면
옹이는 나무가 기억하는
상처의 꽃이 된다

투박한 매듭 같지만
그 안에는
계절마다 피었다 지는
고요한 이야기들이 숨어 있다

나무의 옹이처럼
어머니의 가슴속에도
깊게 패인 옹이가 새겨져 있다

한평생 쌓아둔 상처가
꽃처럼 새겨진 무늬로 남아 있다

제목 : 옹이
시낭송 : 박영애
스마트폰으로 QR 코드를 스캔하면
시낭송을 감상할 수 있습니다

그리움 꽃으로 피어나다

세월 속에 묻힌 이름들이
마음속에서 조용히 흔들린다

햇살 따라 들꽃이 피어나듯
그리움도 눈부시게 깨어나고

웃음소리와 손길 따뜻한 눈빛이
추억 속 꽃잎 되어 다가온다

먼 길 떠난 이들이 남긴 향기
오늘도 내 삶을 감싸안으며
그리움은 다시 꽃으로 피어난다

엄마의 선물

두 살 터울 내 여동생
아주 어릴 적
엄마도 아주 젊으셨던 그때

엄마 무릎 끝에 앉아
칭얼대던 나를 달래며
엄마가 하신 말
"은주야, 언니 혼내게
저기 가서 회초리 가져와라."

서너 살 된 동생에게
큰 심부름을 시키셨다
겁을 주려던 엄마의 말이었는데

모두 까맣게 잊고 있던 그때
끙끙거리며
제 몸집만 한 장작 하나를
질질 끌고 온 내 동생

크기만큼 언니가 밉기도 했을까
엄마를 힘들게 하는 언니의
잘못의 무게를
어린 마음으로 생각하며
고른 회초리, 장작

세월이 흘러
그때 엄마의 나이보다
두 배는 더 나이 들어버린 나와 내 동생

하얀 머리를 나누어 가지며
지금은 서로에게 없어선 안 될
소중한 사람이 되었다

미소 지으며 추억 속을 걷는다
꽃처럼 아름다웠던 젊은 엄마를 만난다

엄마가 계시지 않는 이 세월 속에도
외롭지 말라고
엄마가 내게 남겨주신 선물
큰 회초리의 무게만큼
크고 소중한 내 동생을

빗소리

빗소리에 잠이 깨어
깊이 넣어 둔 그리움
살며시 혼자
꺼내 봅니다

가슴 아리는 그리움과
쇼팽의 아름다운
피아노 소리를 들으며

점점 커지는 빗소리
점점 커지는
그리움, 그리움

찔레꽃

산골 우물가에 피던 찔레꽃
찔레순 따서 껍질 벗겨
어린 딸의
목마름을 채워 주시던

추억 속의 찔레는 엄마의 향기다
하얀 저고리 같은 찔레꽃에서
엄마의 향기가 난다

찔레꽃 하얗게
피어오르는 유월은
그리움이 피는 달이다

그리움 2

꽃을 좋아하셨던 엄마
슬픔처럼
빨간 영산홍이
만개할 때 떠나셨다

습관처럼 하시던 말씀
가실 때 안 좋은 건
당신이 다 가지고
가신다더니

오남매 안 좋은 게
핏빛으로 맺혔는지
빨간 영산홍의
배웅을 받으며
떠나셨다

오늘 밤
꿈속에서 만나 볼까
아지랑이같이 아련하게
가슴 깊은 곳
봄날같이 피어오르는
그리운 그 이름

그리움이 된다

땅 위의 모든 것은
그리움이 된다

새봄,
땅속을 헤치고 나온 새싹들도
나무의 살 속을 뚫고 나온 새잎들도
모두가 자라서
그리움이 된다

햇살의 사랑과
바람의 손길로 자라
예쁘게 피어오른다

계절을 가로질러
겨울에 이르면
하얀 눈을 밟고
하늘로 향한다

밤하늘 어딘가에
예쁜 별이 된다
하늘의 별이 된다
그리움이 된다

밤하늘에 별이
그토록 많은 이유는
이 땅의 모든 것들이
피어올라 별이 되었기 때문이다
그리움이 되었기 때문이다.

어머니의 싸리 회초리

말썽 부린 어린 자식들
혼내신다고
회초리 하러 가신다고
겁을 잔뜩 주시고
나가신 엄마

한참을 기다려도
오시지 않으시고
겁먹고 기다리는 자식들 앞에
제일 가늘고 긴 싸리만 골라 꺾으신
싸리 회초리 한아름을
내려놓으신다

회초리 보고 눈물 바람
오늘 죽었구나 싶었다

그 중 회초리 하나로
종아리를 치셨다

찰싹 감기며 전해지는
어머니의 훈육
아리고 아팠다

머리에 새기라고 눈물 머금고
치신 어머니의 회초리

일부러 먼 산에 가셔서
싸리 회초리를 꺾으며
소리 없는 훈계로
마음노 삭히셨던 어머니의 사랑

맞기도 전에 이미 아팠던
어머니의 회초리 맛
기억 속에 선명하다
그 맛이 그립다

나중에 그 회초리
바구니가 되었다
한올 한올 엄마의 마음 엮어서
싸리 바구니 만드셨다

하나 달고 나오지

어릴 적 순둥순둥, 울지도 않던 아이

엄마 들에 일하시다
아이 핑계로 쉬고 싶으신데
젖을 안 줘도 울지도 않는다

어쩌다 울려고 하면
울음보 터지기도 전에
순한 아이 울리지 말라고
할아버지 호령이 떨어지고
엄마는 속으로 반갑게 아이를 안는다

울어야 효자랬는데
울지도 않으니 쉬지도 못한 엄마

아이가 자라 걸음마
아장아장 걸으면
할아버지 손자 생각에 침 한 번 삼키시고
"고놈 참, 하나 달고 나오지"
어릴 적 수없이 들었던 말

세월 지나
나랑 똑 닮은 손자
하나 달고 나왔다
할아버지의 소원 이루셨다

풍등

밤하늘에 별빛은
은하수로 흐르고
수많은 사연인 듯
반짝인다

고운 풍등에
간절한 소원을 적어
하늘로 띄운다

밤하늘 별만큼
사연 실은 풍등들
높이 높이 날아올라
그곳에 닿을까

내 마음도 풍등에 담아
하늘에 계신 엄마께
소식 전해볼까

소원을 적는 마음
그리움에 물들어
사연 실은 풍등
고운 빛으로
하늘 위로 둥실둥실
날아오른다

내 고향

깊은 산골
눈도 진저리 치게 오던 밤이면
아버지는 지붕에 올라 눈을 쓸고 내려오셨다

밤잠을 설치시며
라디오에서 흘러나오는 뉴스
"오늘은 폭설에 집이 몇 채 내려앉았다"는 말에 한숨을 쉬신다

어린 자식들 업어가도 모르게 쌔근쌔근 잘도 자는 밤,
젊은 아버지는 눈 오는 날이면
뜬눈으로 지새며 가족을 지키신다

아침이면 겨울 햇살에 반짝이는 은빛 세상,
키보다 더 높이 쌓인 눈 속
고립된 세상에서
어린 나는 눈처럼 하얀 꿈을 꾸었다

아버지가 지켜낸 그 세상에서
나는 은빛 꿈을 꾸었다

감꽃

외갓집 안마당 큰 감나무
하얀 감꽃 피었다

군에 간 큰 외삼촌
휴가 나온 날
나를 덥석 안아
감나무 위에 올려놓았다

감꽃 따서 입에 넣어주고
실에 꿰어 감꽃 목걸이 만들어 주셨다

처음 맛본 하얀 감꽃
달큰 쌉싸래한 신기한 맛
은은한 꽃향기도 싫지 않았다

어린 조카 나무에 올려두고
감꽃 목걸이 만들어
목에 걸어 주셨다

세상에서 제일 예쁜 하얀 목걸이
생애 첫 선물이었다

외삼촌이 만들어준 감꽃 목걸이
감꽃 피는 계절이면
청년이셨던 외삼촌이 그립다.

어깨 위에 핀 소금꽃

해 질 녘 돌아온
아버지의 어깨 위에
하얀 소금꽃이 피었다

아버지의 하루를 보지 못했어도
고단함의 무게가 느껴진다

소금꽃, 하얀 가루가 되어
떨어져 내릴 때
하루 종일 버둥거린
아버지의 모습이 눈물겹다

가장의 무게를 짊어진
숙명 같은 어깨 위에
눈처럼
하얗게 내린 소금꽃

제목 : 어깨 위에 핀 소금꽃
시낭송 : 박영애
스마트폰으로 QR 코드를 스캔하면
시낭송을 감상할 수 있습니다

* 이 땅의 모든 아버지께 바칩니다.

2부

강가의 미루나무 잎사귀
바람에 찰찰거리고
햇살마저 찬란하게 빛나던

[어린 추억] 중에서

비닐우산의 추억

학교 가는 길
비 오는 날 썼던
파란색 대나무 비닐우산

바람 불면
날아갈까, 찢어질까
마음 졸이며
작은 손 꼭 쥐던 비닐우산

우산은 썼는데
옷은 다 젖고
신발도 물에 다 젖었던
비 오는 날이
유난히도 싫었던

오백 원 하던
파란색 대나무 비닐우산

세찬 바람 몰아치면
뒤집어지던 우산
두 손 꼭 쥐고
놓지 않으려 애썼던
그 비닐우산의 추억

어린 추억

어린 시절 외가댁
예쁜 강이 있었다

큰 나무 그늘
너럭바위에 앉아
여름날 어린 이마에
송글송글 맺힌 땀을 식히고

하얀 모래가
조막손가락 사이로
빠져나가던

강가의 미루나무 잎사귀
바람에 찰찰거리고
햇살마저 찬란하게 빛나던

물속을 헤엄치며 마주친
메기와 미꾸라지들

모래밥, 풀반찬에
하루가 행복했던 시절

지우고 싶지 않은
아름다운 어린 추억

빗방울

깊은 산골 오두막집
앞마당에
비가 내린다

따뜻한 온돌방에 엎드려
조그마한 고사리손으로
턱을 괴고
내리는 빗방울을
하염없이 바라본다

앞마당 개울 아래
닭장 위에도
고염나무 잎에도

칡넝쿨 잎에
빗물이 고여
풀잎에 쏟아지고
풀잎은 힘에 겨워
가녀린 몸을 흔든다

최면에 걸린 듯 바라보다
빗소리는 어느덧
자장가 소리로 들려오고
따뜻한 온돌방의
엄마 품 같은 온기에

산골 어린 소녀는
사르르 꿈속으로 간다
따스한 엄마 품으로
들어간다

그 속에서 행복한
꿈을 꾼다
빗방울이 되어
풀잎 위를 걷는다

내 마음속의 그대

어느 순간이었을까요

좋은 시가 있으면
그대 생각나고
예쁜 게 있으면
보여주고 싶고

맑고 파란 하늘을 보면
그대 생각나는 건
아마도
내 마음속에 그대가
있기 때문이겠지요

아마도
그건 사랑하는
마음이겠지요

슬며시 내 마음속에
들어와 버린 그대

오늘은 비가 와서
그대 생각났습니다

떡갈나무

어릴 적 뒷산에
떡갈나무
숲이 있었다

놀다 지쳐 땀에 젖으면
넓은 떡갈나무잎을
나뭇가지로 꿰매어
모자를 만들어 썼다

더없이 좋은 시원한 모자
가지를 꺾어 집을 만들고
그 안에서 옹기종기
즐거웠던 시절

지금도
떡갈나무를 보면
어린 그 시절이
떠오른다

풀 향기 가득했던
그 어린 시절들
어린 풀이었던
그 시절이

아버지의 어깨

배고프던 시절
가족을 위해 밥벌이 나가셨던
아버지의 어깨는
항상 무거웠다

오죽하면
쌀밥 같은 나무를
이팝나무라 했으랴

귀한 밥이
뒤로 밀려나는 세상이 되고
아버지들의 무거웠던 어깨도
세월 속에
조용히 퇴색되어 간다

길가에 하얗게
이팝나무 피어오르면
새벽부터 나가서서
밤늦게 귀가하시던
아버지가 생각난다

말없이 묵묵히
그 무거운 하루를 이고 지던
아버지의 어깨가
문득문득 생각난다

단풍나무

어린 시절 고향집 뒷산에
가을이 붉게 타오르고
산에 가신 아버지
붉게 물든 단풍나무를 잘라 오셨다

어린 두 딸에게 보여주고파
지게에 실어 온 붉은 단풍나무를
무심히 마당에 내려놓으신다

가장 예쁜 가을을
선물해 주고 싶으셨던 걸까
내려놓은 단풍나무 아래서
하루 종일 어린 두 딸의
붉은 동심도 함께 타올랐다

아버지의 무심한 사랑을
몰랐던 어린 딸들은
붉은 단풍나무 그늘에 앉아
하루해가 저무는 줄도 모르고
행복했던 어느 가을날

가을날 붉게 타오른 단풍잎을 보면
붉고 따사로웠던 아버지의
진한 사랑이 겹쳐진다

세월 지나 흐릿해진 기억 속에서
가을날의 붉고 찬란했던
아버지의 진한 사랑이 소환된다

어머니

명절날 육남매 한자리에 모이면
방이 그득 차고
아들, 며느리, 손자까지
자식 부자, 우리 어머니

자식만 보면 좋아서
쌓아 두었던 몇십 년
똑같은 레퍼토리

불 때는 누나 애먹이다
부지깽이 들고
동네 일곱 바퀴 돌았던 큰딸 큰아들 이야기

감나무에 올라가
떨어졌던 둘째 아들 이야기

오빠, 동생들 틈에서
힘들어 울던 작은딸 이야기

반듯했던 우등생 셋째 아들
고등학교 학비 빼 들고
가출했던 막내아들 이야기

자식 많은 어머니
나무에 바람 잘 날 없었어도

세월이 지나
사위, 며느리, 손자, 손녀
포도알처럼 주렁주렁 달린 식구가
마냥 행복하고

"나는 안 먹어도 배부르다"
하시던 어머니

해마다 같은 이야기에도
자식들은 처음 듣는 듯
손뼉 치며, 맞장구치며
깔깔 웃습니다

어머니는 신이 나서
이야기를 계속 이어가십니다

삼십 년을 듣고 나니
어머니도 기억이 흐려지시나 봅니다

그러나 흐려진 기억 속에도
자식 사랑은 여전히 또렷했지요

이제 어머님이 안 계신 지금
제 곁에 큰 담벼락이
사라진 것 같습니다

든든한 울타리가 사라졌습니다

그립고, 또 그리운 어머니
보고 싶습니다

할미꽃

머리에 동백기름
곱게 빗어 넘긴 머리
고왔던 새악시

다소곳이 고개 숙인 얼굴엔
보얀 솜털

여리고 여린 청춘
세월의 흐름 싣고
꽃잎 펼친 고왔던 시절

기억 저편
안개 속의 세월이 부르는 소리
뒤로하고
백발이 되어서야 허리 펴고
덧없이 바람에 흩날린다

엄마의 자장가

큰아들 아기 때
등에 업고
아빠를 기다리며 불러 주던 자장가
섬집 아기

그 아들이 자라
결혼을 하고
아들을 낳아
아들이
아들을 등에 업고
섬집 아기를 불러 준다

등에서 듣던 노래를
이제는
아들에게
등으로 들려준다

아들의 아들은
그 노래를 듣고
꿈나라로 간다
아빠가 갔던
그 꿈나라로

그 속에서
행복한 꿈을 꾼다
배시시 웃는다

고요한 산사에서

말없이 등을 떠밀어
고요히 쉬고 오라는
무언의 배려 속에
잠시 머문 산사

연록의 숲에 둘러싸여
코로나 속, 어머님과의
이별 준비로 지친 마음은
조용히 숨 쉴 틈을 찾는다

기도 소리 번지는 법당
가만히 눈 감으니
목이 먹먹해진다

어머님과의 이별 시간은
순간순간이 아프고
무너지는 마음
흘러내리는 눈물은
가슴을 도려내듯 아프다

힘겨워하는 나를 위해
먼 길 달려와
곁을 지켜준 마음 하나
그것만으로도 큰 위안이 된다

고즈넉한 산사에 기대어
눈물 한 줌 흘리고 나니
가슴은 조금 가벼워진다

주마등처럼 스치는
동병상련의 세월들
마지막 의리처럼 가까이서
지켜주는 마음

마지막 힘을 다해
눈빛으로 보내는
고마움의 미소에
부족했던 마음만
가슴속 깊이 파고든다

보내드릴 시간이 가까이 온다
힘겨움 모두 내려놓고

높은 곳,
자유롭게 훨훨 오르소서

*2020. 4. 24 어머님과 이별을 준비하며...

내 마음속 우산

비 내리는 수요일 아침
비를 좋아하지 않았다

흠뻑 젖어
하루 종일 찜찜했던
기억 때문에

마음의 여유가
생겼나?

비가 온다고
우울해하지 말자고

비 오면 비 오는 대로
바람 불면
바람 부는 대로
그냥 두자고

그냥 두면 다 지나가니까
기다리면 맑은 햇살이
비춰줄 테니까

안달하지 말자고

모닝 커피 한 잔
앞에 두고

누군가 보내준
피아노 선율에
마음을 맡겨본다

내 마음속
우산 하나 만들고
누굴 초대해 볼까?

그려보는 순간
이미 있었네

내 마음 우산 속
아주 옛날 초대한 그 사람

사랑과 그리움

늘 표현하는 사랑보다
차라리
가슴속 꼭꼭 채워 두는
그리움을 택할래

입 밖으로 나오면
날아가 버릴까 봐

추억이 가득 담긴
예쁜 낙엽처럼
생각날 때
한 장씩 꺼내 보는
그리움

아리고 아프지만
차라리
가슴속 채워 둔
그리움 안고 살래

가을비

절기는 입동을 지나고
가을비 초롬초롬
가려다 돌아보고
애써 돌아서지 못하는
가을에게

가을비
눈물 보이지 않게
등을 떠민다

활활 타오르던
정열의 불꽃도
애써 떨구어
추적추적
바닥에 내려놓는다

가지고는
도저히 갈 수 없으니
한 잎, 한 잎
몸의 무게를 줄인다

잎이 떠나고
쓸쓸하고 앙상한 가지
속살 드러낸 나체 위엔
하이얀 이불을 덮어주리
곧 다가올 하얀 겨울을
맞이하리라

꽃길

황금빛으로 물든 꽃밭
해바라기로
길을 낸 꽃길을 따라

오랜 세월 함께한
친숙한 그대와
걷고 싶다

긴 세월 사랑만으로
살았으랴마는
깊게 들고만
정이란 것 때문에
여기까지 왔나 보다

어느새 옆을 보니
낯선 초로가 함께 섰네

속도 모르고
꿀벌들은 사랑을 나누고
말이 필요 없이
숙연해지는 계절

우리의 계절도
가을 앞에 섰구나

우체통

정원 앞의 빨간 우체통
누굴 기다릴까
주인 없는 편지라도
와 줬으면 해

혼자가 되어버린 지 이미 오래
우체통이 필요치 않아졌어

정원 한가운데 우뚝 서서
언젠가 올 그리움을 기다리지

빨간색 옷을 입고
오색으로 물든
낙엽 편지 한 통 받아볼까

그리움이 커지는 이 가을날에
점점 커지는 그리움
잠재워 볼까

제목 : 우체통
스마트폰으로 QR 코드를 스캔하면
시노래를 감상할 수 있습니다

들국화 향기 따라

어느 가을날
너는 나의 가슴을 파고들었다

달콤 쌉싸래한 향기를 품고
내 가슴에 전율을 일으키며

향기로 너를 잊지 말라고
나의 오감에 각인을 새긴다

눈을 감아도 느껴지는 너의 모습
향기 따라 너와 길을 나선다

가을 속으로 깊숙이
돌아올 길을 잊을 만큼

갈 때까지 가보자
너의 향기는 나를 이미 마비시켰다

돌아올 길을
잊을 만큼

3부

광활한 태양이
용솟음치며 떠오르던 날

미완의 푸른 꿈도
높은 하늘 향해 피어났다

[青巳의 몸부림] 중에서

아버지의 수박

시골에서 부모님
수박 농사를 지으셨다

수박밭에 수박이 둥글둥글
밭에서 뒹구는 수박이
그저 신기하기만 했다

자식처럼 애지중지 키운 수박
가족의 생계가 달려 있다

잘 익은 수박, 트럭에 실어
청과 조합에 팔러 가신 아버지
덜컹거리는 울퉁불퉁한 시골길
아버지의 가슴이 저려온다

애써 키운 수박 금 가는 소리
아버지의 마음도 금이 간다

도착한 청과 조합
절반은 금이 가고 깨진 수박
아버지의 얼굴엔 주름이 깊어진다

가벼워진 주머니에
걱정도 함께 따라온다

깨진 수박 두고 가자니
자식들 얼굴이 눈에 밟혀
자루에 깨진 수박 눌러 담고
늦은 밤 비싼 택시 타고
자식 집으로 향하신 아버지

무거운 수박을 둘러메고
자식 입에 넣어주고 싶으셨던
아버지의 어깨가
수박물에 젖어든다

아버지의 지친 어깨가
사랑으로 붉게 물든다

하얀 고무신

아주 어릴 적
엄마가 사주신 고무신
하얀색에 나비가 그려진
하얀 고무신

질기고 튼튼한 검정 고무신이 흔하던 시절
잘 헤진다고 피하던 하얀 고무신
엄마는 딸에게
예쁜 하얀 나비 고무신을 사주셨다

하얀 저고리에 꽃물 들여 입으시던
멋쟁이 우리 엄마
딸에게도 예쁜 것만 해주고 싶어
사주신 하얀 나비 고무신

빛바랜 흑백 사진 속
증명하듯
하얀 고무신을 신고
환하게 웃고 서 있다

밥

밥 먹어라
어린 시절
엄마가 부르시던 소리

밥 먹었느냐
객지에 나간 자식에게 묻는 안부

밥만 먹으면 살 수 있다고
없이 살아도
숨결이었고 사랑이었다

마음의 허기는 없던 시절
모든 게 풍족한 세상
밥만 먹고 어찌 사냐고
불만인 세상이 되었다

넘쳐나는 세상
채워도 채워도 허기지고
먹어도 먹어도 배가 고프다

몸은 살찌고
마음은 허기진 세상

반찬은 부족해도
고봉밥에 배부르던
어머니의 밥이
사라졌기 때문이다

일기장

내 마음의 유일한 통로였던
내 일기장

익지 않았던 나의 젊은 날
어깨의 무거운 짐을 감당할 수 없어
마음을 쏟아내던 비밀 창고

묵묵히 내 마음을 받아주던
고마운 안식처
힘들 때 내 마음 터놓고
기대던 곳

어느 날 문득
낡은 일기장을 펼쳐보니
얼룩진 눈물의 흔적이 남아 있다

기쁘고 고운 이야기만
남기고 싶었는데
감당 못 한 마음을
쏟아낸 창고가 되어 있었다

젊은 시절의 고단함을
고스란히 받아준
고맙고 미안한 일기장을
조용히 덮는다

슬픈 일기장에
휴가를 준다

아직 쉬고 있는
나의 일기장
이제부턴
행복의 일기를 쓰자

이별은 늘 그리움이 되고

9월이 떠난 자리 곱게 색을 입힌
10월이 자리를 메운다

삶이란 이별의 연속이다

오늘 하루 열심히 살아내고
노을빛에 묻어 보낸다

오늘은 또 노을 속으로 사라져
내일의 그리움이 되겠지

아침에 눈을 떠 새로운 세상과
사랑을 하자

한 장 한 장 책장이 넘어가듯 떠나간
오늘이 쌓여 그리움의 페이지가 된다

나만의 이야기가 된다

추석 풍경

보름달 휘영청 떠오르고
오곡백과 고개 숙이는 한가위

쓰나미가 몰려온다
엉금엉금 기다가
서툰 발짓, 손짓
이제는 컸다고
"할머니!" 부르며 달려온다

한꺼번에 몰려와
혼을 쏙 빼놓고

밀물 빠지듯
스윽 빠져나가면
가슴 한구석이
뻥 뚫린 것 같다

일 년에 한두 번 몰려오는
쓰나미 —
행복의 태풍이다

가슴속 구멍을
뚫었다 메우는
행복의 쓰나미다

보리밭

밟혀야 사는 푸른 새싹
질긴 생명력이
같은 시대를 넘어온
우리의 삶과 닮아 있다

서릿발 속에서 견디고 버텨
봄이면 푸른 물결 이룬다

넘실거리는 푸른 물결
지나온 고난을 누가 알아줄까

여린 듯 까칠한 성정
그렇게라도 해야
밟히고 긴 겨울을 견딘 속내를
알아줄 듯해

까칠한 날을 세워
당당히 서 있다

배고픈 시절
허기를 채워주던 고마운 식량

의무적으로 먹어야 했던
부끄러웠던 도시락

먹고 돌아서면 꺼지던
서러운 시절의 동반자

멀리서 초록으로 유혹하지만
그 고개 넘어본 이는 안다
저 초록의 속내를

예쁘지만
이젠 그 속의 세월로
돌아가고 싶지는 않다

추억의 끝자락

예쁜 스무 살을
세 번이나 넘기며 지나온 세월

스무 살 고개마다
깊이 새겨진 기억들이 있다

앞만 보고 달리던
멋모른 채 넘었던
첫 번째 고개

뭔가 알 듯했지만
숨 가쁘게 지나쳐야 했던
불혹의 시간들

세 번째 스무 살을
바람처럼 지나와 보니
흐릿해진 출발선을
자꾸만 뒤돌아보게 한다

남은 고개를 넘을 수 있을지
모를 자리에서
마음을 돌려
추억의 끝자락을 잡고
시간 속을 걷는다

다시 한번
스쳐 지나간 그 기억들을
부드럽게 어루만져 주고 싶다

돌배나무

마을 어귀 하늘 높이
치솟은 커다란 돌배나무

동글동글 돌배가 열리면
장대로 흔들어
후두둑 떨어뜨리곤 했다

돌덩이처럼 단단한 돌배
한입 베어 물면
시큼한 과육이 먼저 와 닿았다

살도 없이 씨앗만 가득했지만
먹을 것 없던 시절
참으로 귀한 간식이었다

떨어진 돌배를 줍다 보면
머리에 돌배만 한 혹이
주렁주렁 매달리곤 했다

입안 가득 시큼하기만 하던 돌배
그 맛이 아직도
혀끝의 기억으로
남아 있다

제목 : 돌배나무
시낭송 : 장화순
스마트폰으로 QR 코드를 스캔하면
시낭송을 감상할 수 있습니다

별빛 내리는 밤

하늘로 오른
그리움 반짝이는 밤

밤하늘 보며
나의 그리움
어느 곳에서 반짝이는지
한참을 찾아봅니다

순간
응답이라도 하는 듯
반짝이는 별 있습니다

반가움에
내 눈물 반짝여
하늘에 신호를 보냅니다

오늘따라
유난히도 반짝이는 밤하늘
내 가슴에 별빛 내려앉습니다

오늘 밤은
편안히 잠들 것 같습니다

며느리 밥풀 꽃

이름도 애잔하고 눈물겨운 꽃
며느리밥풀꽃

입안에 밥알 두 개 물고
한이 서린 며느리의 눈물꽃

붉은 입술 사이
밥알 두 개를 나란히 문 듯

시어머니 구박에
입에 문 밥알 두 개가 눈물겹다

삼키지도 못하고
입에 문 채 피어난
아련하고 눈물겨운 며느리밥풀꽃

동백꽃

붉은 꽃송이, 하늘을 향해
피어오른다

임을 향한 그리움인가
그토록 붉은 이유

마음껏 정열을 불태우고
미련 없이 떨어져 내린 꽃망울

붉은 가슴 멍울이 되어
바닥을 물들인다

이토록 아름다운 눈물의 흔적을
본 적이 있었던가

지지도 않은 꽃망울이
아름답게 떨어져 내린 이유

마지막 붉은 기개,
처절했던 사랑의 흔적인가

커피 한 잔에 담긴 사랑

한 잔의 커피가
내 손에 오기까지
참 많은 손을 거쳐 온다

흑진주의 땀방울이 스며 있고
하늘이 키워
먼바다 건너 이곳에 닿았다

뜨거운 불길 속
자신을 태워
향기를 품고

자신의 몸을 갈아
다시 끓는 물 속에서
진액을 우려낸다

그 고통의 향기
수많은 입술 위에 머물며
기꺼이 위로가 된다

손에서 손으로
고통의 향기를 나누는 우리는
사랑이라 하고
행복이라고 이야기 한다

산사에서 마신 봄

코끝이 아직 찡하니
차가움이 가시지 않는 이른 봄

매화 향기 따라 찾아간 산사엔
홍매화가 수줍게 맞아 준다

긴 겨울을 견디고
제일 먼저 피어나
봄을 기다린 이들의 가슴에
붉은빛으로 봄을 지핀다

산사의 다실엔
동양의 품위를 간직한 다기들이
고요히 놓여 있고

곱게 내린 커피를
다완에 담아
봄의 전령, 매화를 띄운다

매화 봉우리가
커피 속에서 수줍게 꽃잎을 펼친다

서양의 커피와
매화 향이 코끝을 간질인다

동서양의 만남, 고요한 어우러짐이다

그렇게
봄은 코끝으로 왔다

매화 향기 따라
내 마음속에 고요한 봄이 피었다

담쟁이덩굴

아무도 보지 않고
관심도 없는 담벼락 아래
조용히 새싹이 피어오른다

높기만 한 하늘 바라보며
위를 쳐다보다
오르기로 마음먹었다

느리지만 오르고 또 오르면
닿을지도 모른다는
희망 한 조각 품었다

손끝 발끝
있는 힘 모아서 오르고 또 오른다

하늘 끝은 멀기만 하고
뒤돌아보니 아직도 중턱이다

푸르던 잎새
가을날 따가운 햇살 받아
붉게 단풍 들었다

갈 길은 아직 먼데
벌써 물이 들었다

담장에 지나온 발자취
그림으로 남기고
화려한 색으로 채색한다

꽃다발 처음 받던 날

젊었던 시절 내 생일날
남자 셋 행동이 어색하다

뭔가 숨기려 하는 듯
숨길 줄 모르는 성격
부끄러운 듯 망설이며
내놓은 생애 첫 꽃다발

큰맘 먹고 아들 둘과 모의해서
마련한 꽃다발
우물쭈물 뒤에 숨기다가
어쩌나, 세 송이 밖에 안 되는 꽃다발
장미 한 송이가 데구르르
땅에 뒹군다

안개꽃에 소중히 세 송이
준비한 선물인데
황당한 표정이 우습다

꽃다발 선물 처음이라며
수줍어하던 세 남자의 모습
그 모습이
힘든 길 헤치고 살아온 나에게
힘이 되었다

난생처음 받아본
삼백 송이 같았던
생애 첫 꽃다발

가을이 오는 길

파아란 하늘 솜털 구름
가을의 포문을 열면

산들산들 바람길 만들고
그 사이로
가을이 소리 없이 발을 딛는다

여름은 아직 갈 생각이 없는데
바람으로 살랑살랑 열을 식힌다

풀벌레, 귀뚜라미
달빛 아래 노래하고

마음 한켠 쓸쓸함이
가슴을 헤집고 들어오니

가을이 오나 보다

고추잠자리

연둣빛 나뭇잎에
서서히 붉은빛이 스며든다

가을은 조용히
세상의 빛을 거두며
살아온 숨결 따라
저마다의 색으로 남는다

은행잎은 노랗게 스러지고
단풍잎은 붉게 타오르며
풀잎 위엔 작은 잠자리

붉은 옷을 입고
저문 계절의 문턱에 앉아 있다

빨간 고추잠자리
가을이 데려온 손님이다

건망증

들판에 볏 잎은 알곡으로
영글어가고

산속 다람쥐 분주히
참나무 밑을 살핀다

입안 가득 도토리 채우고
어디다 숨길까
마음이 바쁘다

다람쥐가 숨겨두고
깜빡한 탓에
도토리나무 숲을 이룬다

다람쥐의 건망증이
숲을 만든다

나의 건망증은 무얼 만들까
쓸데없는 망상은 잊어버리고
내 마음속 청량한 숲을 이루고 싶다

가을이 오는 길목

먼발치 여름 들꽃 사이
구절초 환하게 손짓한다

반가운 마음이 달려 나가니
오지 말라 한다
지금 가고 있노라고

가을을 데리고 가는 중이라 한다
여름에게 작별할 시간이 필요하다고

데일 듯 뜨거운 여름을 껴안는다
작별할 준비를 한다
마지막 포옹이 뜨겁다

둥지

메타세콰이어 가장 높은 곳
하늘 가까운 그곳에 집을 지었다

푸른 잎에 감추어진
보이지 않는 안식처

부지런히 먹이를 나르고
새끼를 품어 기르며
행복한 날들이 흘러갔다

가을이 지나는 길목
푸르던 잎새는 빛을 잃고
한 잎 한 잎
바람에 몸을 떨군다

정성으로 지은 소중한 집
앙상한 가지 위에
덩그러니 남아
안식처가 자취를 드러낸다

영원히 푸를 줄 알았는데
둥지에도 위기가 찾아왔다

계산 착오였을까
둥지 위로 바람이 스치며
마음 깊은 곳을 흔든다

靑巳의 몸부림

광활한 태양이
용솟음치며 떠오르던 날

미완의 푸른 꿈도
높은 하늘 향해 피어났다

작열하던 뜨거운 용광로도 지나고
참고 견디면
저 높은 곳에 닿을 수 있을까

계절을 거슬러
하얀 세상이 오면
청사의 소원 이뤄질까

천 년을 견뎌 낸 꿈
백룡이 되어
저 하늘로 날아오를까

* 을사년을 지나가며

4부

개울물은 나보다 먼저 어른이 되어
어느새 저만치 흘러가고

[여름날의 어린 추억] 중에서

허물을 벗고

꽃잎 위에
나비의 허물 하나 벗어놓고
영혼은 긴 여행을 떠났다

기어이 찾아온 먼 길 따라
걱정의 사랑도 끝나고
허물은 꽃잎에 붙어
망부석이 되었다

이런 줄 알면서도
그 사랑을 택한 대가로
이별이란 벌을 받는다

새로운 모습으로 다시 태어나
돌아올 때
부디 알아보길

그곳에 다시 피어
향기로 신호를 보낼 테니

그 향기 따라
꼭 다시 찾아오길

발이 없어
그대를 향해 갈 수 없으니
그대, 꼭 다시 찾아와 주길

입추

여름이 못 가겠다고 떼를 쓰고
매미는 마지막 힘을 다해
여름 자락을 잡는다

파란 하늘가
고추잠자리가 빙빙 돌며
자리를 넘본다

데일 듯 뜨거워도
가을은 오고

열정 가득한 여름을
아쉽다 말 못 하고
외면한 눈길

가을 문턱에
슬며시 발을 디민다

노을

붉게 물든 노을이
내게 말을 걸어온다

하루를 살아내느라
수고 많았다고

총총걸음으로 살아온
하루가 고단하다

눈시울 붉힌
내 눈 같아
울컥 서럽다

무거운 하루를 받아들여
곱게 물든 노을에
나의 하루를 내려놓고

조용히
마음을 기대어 본다

평등

같은 하늘 아래
모두에게 비추는 햇살
높고 낮음을 가리지 않고
흐르는 물처럼

서로를 낮추며
함께 흐르자

강아지풀

강아지 꼬리 닮아
강아지풀

울 손자도
이쁜 똥강아지
엉덩이 살래살래
뒤뚱뒤뚱

엉덩이 쓰다듬으면
기분 좋아
살랑살랑

파란 햇살 아래
들판에
똥강아지들 놀러 나왔다

뉘 집 이쁜 똥강아지들일까
오동통
예쁜 똥강아지들

동네 할머니들
울 손자 나왔다고
싱글벙글

할머니의 이쁜 똥강아지
들판을 가득 채워
꼬리 살랑
재롱잔치다

여름 삼매경

갈 길 먼 나그네들
걸음이 바쁘다

꽃잎에 코 박고
엉덩이만 보여주는 꿀벌
나비도 향기에 빠져
삼매경이다

매미는 저마다 짝을 찾아
고성을 질러대고
지금 아니면
또 몇 년의 세월이 지나야 한다며
마음을 재촉한다

하늘의 태양은
대지를 여물게 하느라
이글이글 바쁘고

하늘은 푸른빛에
구름까지 몰고
대기 중이다

사람들은
저마다 죽겠다고 아우성

알곡을 키우는 일이
대지를 키우는 일이
모두를 바쁘게 한다

태어나는 모든 것은
고통이 따른다
그 고통 속에서
행복이 피어난다

가을 당신

손 흔들어 배웅한 지
세 계절이 지나갑니다

당신 없는 계절을
다른 계절로 채워보려 했지만
마음 한구석
채워지지 않은 빈 가슴이 있습니다

당신 아니면
안 되나 봅니다

꽃 피는 예쁜 봄도
서둘러 보낸 이유
보내야만 오시는 그대 때문이지요

저는 지금
여름 한가운데 서서
내리는 폭우로
마음을 씻어냅니다

당신이 오실
마음 한가운데를
깨끗이 비워내는 중입니다

당신 향해 가는 길이
녹록지 않습니다

긴 여름 한가운데서
오늘도 느린 걸음
떼어봅니다

그대도
마중 나오시기를
나도 그대 향해 갈 테니

제목 : 가을 당신
시낭송 : 박영애
스마트폰으로 QR 코드를 스캔하면
시낭송을 감상할 수 있습니다

참나리의 사랑

참나리, 활짝 꽃술 열고
지나는 벌과 나비를 유혹한다

호랑나비 한 마리
꽃술에 입술을 포갠다

첫눈에 반한 호랑나비는
떨어질 줄 모른다

뜨거운 태양 아래
그들의 사랑도 붉게 타오른다

이제 끝나도
후회 없을 그들의 사랑

여름이 지나면 떠나갈 사랑에
죽어도 후회 없는 사랑을 나눈다

뜨거운 칠월의 하늘 아래
참나리의 진한 사랑은
시간 가는 줄 모른다

말하지 않아도

살갑게 웃는 법
모르던 그 사람이
사랑한단 말 한 번
못 해본 그 사람

툭툭 내뱉는 말
때로는 서운해도
돌아서면 언제나
내 걱정뿐이었죠

말하지 않아도
다 알 것 같아요
무뚝뚝한 그 마음
참 따뜻했습니다

혼자서 울컥하고
혼자서 웃던 날들
그 모든 순간마다
당신이 있었습니다

요즘도 책을 펴고
하루를 채우는 그대
일흔을 앞에 두고
청춘을 걷고 있네요

말하지 않아도
다 느껴집니다
여전히 내 편이고
내 사람입니다

제목 : 말하지 않아도
스마트폰으로 QR 코드를 스캔하면
시노래를 감상할 수 있습니다

가을날

시리도록 파란 하늘
구름 예쁜 가을날
문득 누군가
그리워진다

너무 예뻐
혼자 보기 아까운 날
그대가 보고 싶다

길가에 코스모스
하늘거리면
누군가와 손잡고
도란도란
이야기꽃 피우고픈

벌개미취, 구절초꽃
흐드러지면
너무 좋아
가슴 벅차 울고 싶은 날

그런 날
더 사무치게
보고 싶은 그대

내가 차린 만찬처럼
이 아름다운 가을날을
그대에게 주고 싶다

파아란 하늘 밥상에
구름꽃은 밥을 짓고
코스모스, 구절초
갖가지 꽃반찬을
정성껏 차려
그대 위해 드리리

오색 밥상 차려 놓고
그대 오실 동구밖에
고추잠자리, 벌, 나비와
나가 봐야지

제목 : 가을날
시낭송 : 박영애
스마트폰으로 QR 코드를 스캔하면
시낭송을 감상할 수 있습니다

홍시

어린 날 외가댁
집 뒤 감나무 하나

가을이면 붉은 감 주렁주렁
달콤한 홍시
언제 떨어지나

고개 젖혀 쳐다봐도
감감무소식

이른 아침
감나무 밑을 걷다가
풀숲에 떨어진 홍시 하나

어린 생에 큰 발견
한입 베어 물어 보니
너무 달콤해 눈이 번쩍

아침마다 몰래
홍시 찾으러
이슬 밟는 어린 발걸음

까치 깨기 전에 먼저 가야지
몰래 먹는 홍시 맛
잊을 수 없다

까치가 알고 찾아올까
어린 가슴 콩닥콩닥
홍시는 달콤달콤

내일은
홍시 두 개 떨어지면
까치랑 나눠 먹어야지

혼자 먹기 미안했던
어린 마음
까치가 자꾸 떠오른다

풍경

파란 하늘
하얀 구름 돛배가
하늘 바다를 떠다니고
추녀 끝에 매달린 풍경은
그 바닷속을 노닙니다

그 바다에
해풍이 불면
뎅그렁 뎅그렁
바람과 하나 되어
춤을 춥니다

구름배 어부는
고기를 잡을 마음이 없고
하늘 바다에서
꿈을 건져 올립니다

구름배
추녀 끝의 물고기
바람과 하나 되어
파란 하늘
항해를 합니다

순풍에 돛을 달고
피안의 세계로
항해를 합니다

제목 : 풍경
시낭송 : 조한직
스마트폰으로 QR 코드를 스캔하면
시낭송을 감상할 수 있습니다

가을

화려한 옷을 입고
무대 위에서 탱고춤을 춥니다

지나온 세월이 색으로 남아
형형색색 옷을 입고
파티를 엽니다

행복도, 눈물도, 웃음도
모두 갖가지 색으로 남아
한데 어우러져 채색된
한 폭의 추상화

인생의 희로애락으로 녹여 만든
한 폭의 그림이 되었습니다

행복에
눈물 한 방울 찍어
나의 가을을 그렸습니다

어디쯤일까, 그 냇물

무궁화꽃 예쁜 외갓집 담장을 따라
가만히 걸어가면

말없이 반겨주던 작은 냇물 하나

돌다리 건너며 미끄러지기도 하고
물고기 쫓아 치마 걷고 뛰던 날들

할머니 부르시는 소리도
물소리에 실려 멀게만 들렸지

흐르는 물 따라
나의 세월도 흐른다는 걸
그땐 몰랐었지

이제는 그 흐름이 그리워
눈시울 젖는다

어디쯤일까, 그 냇물
지금도 흘러가고 있을까

내 어린 날 웃음 담고
지금은 어디쯤 닿아 있을까

여름날의 어린 추억

마당 끝 개울물 따라
맨발로 뛰어다니던 여름날

돌 위에 앉아
찰방찰방 물장구치며 웃던 얼굴

파란 하늘에 물든 웃음소리
시간도 흐르는 줄 모르고
해가 저문 줄도 몰랐던 시절

개울물은 나보다 먼저 어른이 되어
어느새 저만치 흘러가고

나는 그 자리에서
오래도록 손을 담그고 있었다

지금도 눈 감으면 들린다
손끝으로 전해지는 그 소리

작은 물소리
그 속에 숨은
어린 나의 해맑던 웃음소리

꽃의 눈물

너의 눈에 가득 고인 눈물이
금방이라도 넘쳐흐를 듯
파르르 흔들리고 있구나

하늘이 울고 있으니
저도 운다며
우는 너를 보니
나도 울고 싶어진다

붉은 눈물
노란 눈물
눈물의 색도 다르다

가슴 깊이 숨겨둔 속내
하늘의 눈물 빌려
저마다의 색으로 운다

나의 눈물은
무슨 색일까

아마도
검정색일 거야
울분이 쌓여
썩어버렸을지도 몰라

비

방울방울 내리는 비
내 마음에 동그라미 그려내고
동그라미 속에
그리운 얼굴 떠오른다

퍼져 나간 동그라미만큼
커지는 그리움
내 마음도 동그라미 따라
퍼져 나간다

큰소리 내며 오는 비
내 마음도 따라 쿵쾅거린다
하늘이 혼내는 것 같아
벌 서는 아이 마음이 된다

비야
작은 소리로 오렴
내 마음 놀라지 않게
반가운 마음으로
너에게 갈 테니

하늘 말나리

깊은 숲속
발길 닿지 않는
고요함이 흐르는 곳

큰 나무 사이
스며드는 햇살 한 줌
유일한 바깥세상의 온기

고요히 홀로 피어
꽃술을 열고
찾아올 벌과 나비를 기다리는
하늘 말나리

빨간 얼굴에
작은 주근깨
빨강 머리 앤이 떠오르는 꽃

보아주는 이 없는
깊은 산속에서
외로움마저 꿋꿋이 견디는
앤을 닮은 꽃, 하늘 말나리

하늘을 향해
기도하듯 피어난
주근깨 예쁜
하늘 말나리

허수아비

황금빛 들판
알곡이 영그는 계절
허수아비에게 주어진 임무
농부들의 땀이 서린 들판을 지켜라

한껏 비장한 몸짓을 하고
두 팔 벌려 위협도 해보지만
허수아비 어깨에 내려앉은
새들의 세상 돌아가는 이야기에
주어진 임무는 잠시 잊고
두 어깨를 내어준다

부릅뜬 두 눈으로 호령을 해도
새들은 더 모여들고
마음 좋은 허수아비는 미소만 짓는다

새들과의 세상 이야기
두 팔 벌린 어깨 위는
쫓아야 할 새들의 안식처가 된다

땅속 깊이 박혀버린 다리
허수아비의 운명
하늘만 바라보며
꿈을 꾸는 허수아비

날고 싶은 허수아비의 마음처럼
두 팔 벌린 옷자락만
황금 들판 위로 펄럭인다

빗물에 세수한 아침

뜨거운 태양 아래
지치고 힘든 대지 위에
쿵쿵 소리 내며
번쩍 빛을 내며
큰 빗줄기가
빠른 걸음으로 달려온다

말라버린 땅 위로
달콤한 단비 되어 스며들고
달궈진 대지를
시원하게 식혀준다

간절한 기도가
하늘에 닿았나 보다
목마름에 고개 숙인 꽃들
온몸을 씻어내고
생기로 다시 피어난다

아침 햇살
하얀 구름
세수한 듯 뽀얀 얼굴
하늘 샤워 끝낸 대지가
말갛게 반긴다

파란 하늘 위
말끔히 씻고 나온 하얀 구름
모처럼의 여유를 부린다

어린 추억들 어디로 갔을까

고향집 옹달샘 우물가
알록달록 비단개구리
가재, 도롱뇽
솟아오르는 맑은 샘물
나누어 마시던 친구들

흐르는 맑은 냇물
반짝이는 햇살 아래
뽀얀 발 담그던

작은 주전자 들고
우물에 물심부름 가던 길
손가락만큼 자란 오이
따 먹을까 말까 망설이던
어린 기억
어린 추억 속의 친구들,
다 어디로 갔을까

아름다운 추억 속
맑은 기억 한 줌 더듬어
내 마음을 정화시킨다

5부

하늘 푸르고, 여릿하고, 여린
연둣빛 어린 시절 있었노라고
그런 청춘 있었노라고
추억해 보리라

[오월] 중에서

너를 사랑하는 일

장미가 햇살 받아
붉게 빛나는 칠월

장미를 사랑하는 일은
불편한 일
장미를 지키는 가시까지
사랑해야 하는 일

사랑에는
가슴 아픈 고통이 따른다는
진실을 몸으로 배운다

오늘도
그 아픔을 감내하며
장미를 사랑한다

향기에 반해
붉은 아름다움에 끌려
오늘도 너를 가까이한다

아프지만
너를 사랑한다
그 아픔까지도

제목 : 너를 사랑하는 일
스마트폰으로 QR 코드를 스캔하면
시노래를 감상할 수 있습니다

작약의 일생

분홍빛 아기 주먹 닮은
작약 봉우리
울 손자 주먹 닮았다

꽃잎 벌어져
아름다운 청춘의 계절을
맘껏 펼쳤어라

누구도 따를 수 없는
귀하고 엄숙한 아름다움이여

지나는 세월 앞에
아름다움 내려놓고
한 잎 한 잎
곱고도 아름답던
붉은 꽃잎을 떨군다

고이 감춰둔
부끄러운 씨방마저 내어놓고
말라 오므라진
마지막 꽃잎 한 장
씨방과 함께
생을 마무리한다

우리의 생도
이렇게
마지막이 아름답기를

달항아리

은은하고 소박한 듯
아름다운 달항아리
멀리서 바라본
달을 닮은 달항아리

부드러운 듯 투박한
달의 표면처럼
소박한 우리의 민족을 닮았다

채워진 듯 비워진
삶의 모양이다
비워 낸 모습이
아름답다

고고한 자태로
천년을 아우르며
만물이 넘쳐나는 세상을 바라본다

개망초

화려한 꽃들이 진 들판
하얗게 개망초 피었다

어엿하게 이름을 달고
그냥 풀꽃은 아니라고

누가 이렇게 많은
계란 후라이를 부쳤을까?
계란 닮은 계란꽃

배고픈 시절
주린 배도 채워준
하얀 밥풀 같은 고마운 꽃

망초도 아니고
개망초
나라를 망하게 한
일본이 심었다고
망국초란 누명을 쓰고

이뻐서 손이 가다
멈칫 마음이 찜찜한 꽃

억울한 누명 지워 달라고
지나는 길가에
하얗게 무리 지어 농성을 한다

들판을 가득 채워
하늘 향해 하소연하는 꽃
개망초

여리고 예쁜 꽃
개망초

칠월은

봄날 꽃이었던 모든 것들
각자의 방법으로
미래를 설계한다

씨방이 영글어
열매를 맺는다
속살을 알알이 채워
저장한다

뜨거운 칠월의 햇살을 견디며
여린 열매들 여물어 간다
사랑 햇살 가득 품어 안고
잎새 반짝 빛난다

뜨거운 칠월은
열매를 키운다
그렇게 대지를 키운다

능소화

구중궁궐 소화의 애달픈 사랑
애타게 그리던 님, 왜 아니 오시나

외면받은 설운 사랑
붉게 피어올라 담장을 넘네

님이시여, 보소서 소화의 마음을

애타게 그리던 님 아니 오시고
소화의 서린 마음은 곱고도 붉은데

내 님은 어이하여
눈길 한 번 안 주시나

님이여, 님이시여 보소서

칠월의 뜨거운 태양 아래
식을 줄 모르는 소화의 사랑을

하늘 향한 일편단심
소화의 붉은 사랑을

낙화

붉은 꽃잎 한 장
흐르는 물 위에 툭 떨어진다

온몸을 태운
일생의 숨결 한 조각이 떨어진다

뜨거운 태양 아래
열정 가득했던 일생이
한 잎 한 잎
생의 조각을 펼쳐
바람에 몸을 맡긴다

스쳐 가는 바람에 몸을 싣고
꽃잎
하늘 여행을 한다

뜨거웠기에
아름다웠기에
단단히 잡고 있던 뿌리
이제는 내려놓고
자유롭게 비상하려 한다

바람이 데려다준 그곳에
살포시 내려앉는다

아름답고 찬란했던
그날의 꿈을 꾼다

아침을 알리는 것들

하늘 닮은 파란 나팔꽃
여린 입술 방긋 벌려
소리 없는 기상나팔을 울린다

제일 먼저 부지런한
참새 무리, 포르르 포르르
분주히 날아오른다

접시꽃 쟁반엔 무슨 음식을 담아
식탁을 차릴까
모닝빵 한 조각, 커피 한 잔이면
최고의 조찬

싱그러운 아침 햇살
초대하지 않아도
창가로 들어오고
눈인사 찡긋이면
반가운 아침 인사

이 모든 게
오늘 내가 받은 하루,
소중한 선물

참새

나무에 조롱조롱
열매 달렸다

따려고 손 닿으니
우루루 쏟아진다
참새였구나

빈 가지에
참새 가족 삼대가 모여
가족회의
"오늘 하루
부지런히 살아보자!"

작고 부지런한
참새의 하루를

시를 줍다

시는
지천에 널려 있는 글이다
꽃이고 바람이고 별이다

꽃의 마음을 읽는 것이고
스치는 바람의 이유를 잡는 일이며
하늘에 무수히 많은 별들의 이야기이고
말없이 흐르는 물의 마음을
읽어 주는 일이다

오늘도
지천에 널려 있는 글을 줍는다
예쁘게 닦고 다듬어
시를 만든다
글의 고운 얼굴을 만든다
세상에서 빛나고
아름다운 시를 짓는다

바위틈에 핀 꽃

바위틈 갈라진 곳
꽃 한 송이 피어 있다

흙 한 줌 없는 곳
어찌하여 너는
그곳에 피었느냐

어디에 뿌리를 두고
그리도 곱게 피었느냐

홀로 외로이
아무도 봐 주지 않아도
곱게도 피었구나

지나는 길
너무 예뻐
너에게 눈을 맞춘다

고마워서
눈물이 난다

홀로 독야청청
밤에는 달빛과 벗이 되고
낮에는 햇살과 벗하며
한들한들,
예쁘게도 피어 있구나

그 사랑 온전히 받아
그리도 곱게 피었느냐

양귀비꽃

천하일색 경국지색
양귀비의 환생인가

들판에 붉은 물결
바람에 넘실거린다

아름다움에 넘치는 사랑
짧은 생애 슬픔의 언덕

붉은 치맛자락 휘영청 휘날리며
검은 꽃심 너의 운명
짧은 생을 닮았구나

너와 닮은 젊은 생이
들판을 붉게 물들인다

아름다워 슬픈 붉은 꽃
양귀비여!

제비꽃

봄바람 따라
제비꽃 무리 지어 피었다

보랏빛 물결로
옹기종기 올망졸망
남쪽 나라 여행 간 제비를 기다리나

보랏빛 연미복 차려입고
새봄을 알린다

제비 돌아오는 날
날개 펼쳐 날아볼까

키 작은 제비꽃
비상을 그리며
낮게 낮게 피어 있다

6월의 숨결

여물어 짙어진 초록이
속살을 채운다

뜨거워진 태양 아래
당당히 서 있는 나무들
푸른 에너지를 가득 머금고
계절의 정상에 서 있다

뜨거운 태양과 바람이 길러낸
청춘의 계절이
생명의 숨결로 빛나며
자연이 펼쳐 놓은
가장 눈부신 순간이 된다

아가야 너 거기 있어라

두 살배기 손자
말 배우는 소리
떠듬떠듬
배우고 익히는 모습이 귀엽다

엄마는 힘들어
빨리 크길 바라지만
흐르는 세월
잠시더라
지나고 보니
찰나의 순간이더라

그 예쁜 모습
그 향기로운 살내음

아가야
너 거기 오래 있어라
지금 그곳에
오래 더 머물거라

시간이 멈춰
그 모습
그 향기
오래도록 맡고 싶구나

예쁜 네 모습
고운 그 향기
살내음
보내기 싫구나

아가야
너 거기 있어라

네잎클로버

네잎클로버의 행운을 쫓아
찾아 헤매이며
나에게도 행운이 오기를
간절히 바랐던 시절들

행운의 네잎클로버
꽃잎 한 장 떼어 내고 나니
행복이 조용히 기다리고 있었다
아무렇지도 않은 듯
늘 거기 있었다는 듯

그 자리에 늘 있었지만
봐주지 않았던 행복들
작지만 소중한 행복들이
세잎클로버처럼
들판 가득 널려서 반기고 있다
나도 좀 봐 달라는 듯

애타게 찾던 행운은
어디에도 없었다
인생을 다 쏟아
쫓아다녔던 방황의 세월들

행운을 쫓던 지친 내 마음
돌아와 앉으니
작고 반짝이는 행복들이
나를 반긴다
외면했던 행복이
고운 미소로
나를 꼬옥 안아준다

여름을 보내며

여름이 간다
뙤약볕 뜨거워도 좋으니
가지 말라 잡고픈 마음

세월이 청춘인 줄
내 모르고
뜨겁다 어서 가길 바랐는데

이제는 그 세월도
쉬엄 가길 바래본다

가슴에 소원 품고 오르던
청천골 담장에
애처롭게 예쁘던
능소화도 스러져 가는데

나 갈 때까지
한 송이라도 남아
반겨줄런지

산골 어느 스님의
외로운 시타령에
시샘이 난다

풀의 향기

어디선가 기계음이 울리고
들판엔 짙은 향기가 난다

말끔히 잘려 나간 자리
피의 향기 진동한다

아픔을 향기로 마구 내뱉는다
소리 없는 아우성
소리 없는 비명으로
풀이 향기로 운다

"나, 여기 있었노라고…"
상처받은 아픔을 안고
풀이 진한 향기로 울부짖는다

가을 참 좋다

파아란 하늘 하얀 구름떼 몰려온다
목화구름 데려다가 포근한 이불 만들까

하늘하늘 코스모스 여린 춤사위가 예쁘다
햇살 따끔해도 모두 얼굴 내밀어

너도 예쁘다 나도 예쁘다 야단이다

가을까지 달려와 씨앗 영글고 열매 맺는다
가을이란 계절 아래
모두 다 예쁘다

지금 그 모습 그대로
가을은 참 예쁘다

그냥
가을 참 좋다

오월

싱그런 새싹
나뭇가지 위에 돋고
하늘 고운 빛 머리에 이고
산들바람 볼 스치는 오월

연둣빛 청춘의 날
내 그날 있었던가
행복한 날 모아
그리움 창고에 저장해 둔다

기억이 희미해질 즈음
고이 묻어 둔
그리움 꺼내 보리라

하늘 푸르고, 여릿하고, 여린
연둣빛 어린 시절 있었노라고
그런 청춘 있었노라고
추억해 보리라

봄이

아지랑이 봄 길 따라
봄이가 온다

설레는 마음 한아름
반기는 마음 한가득

가슴은 두근두근
어떤 모습일까

봄 향기 전해주러
땅속에서 꼬물이가
올라오듯

열 달 동안
엄마 뱃속에서 사랑 가득 먹고

우렁찬 목소리로 자신을 알리고
대박이가 그렇게
우리 곁으로
봄 선물로 왔다

눈에 넣어도 아프지 않은
예쁜 봄이가

밝은 에너지를 가득 안고
사랑으로 왔다
봄을 전하러

* 손자 태어나던 날 : 2023. 2. 27. 태명:대박이(시현)

6부

풍선처럼 부풀어 오른 그리움이
하늘에 닿아
안부를 전할 수 있기를

마음 풍선에 그리움을 실어
조용히 하늘로 띄웁니다

[그리움은 하늘에 닿아] 중에서

칠석

모두의 안녕을 위해
기도하러 가는 길
길가에 붉은 등
줄지어 반긴다

견우와 직녀가
목 놓아 기다리던 날
오랜 기다림, 짧은 만남
또 아쉬운 이별

너무 많이 사랑한 죄로
받아내기엔 가혹한 형벌
만남을 뒤로 되돌아가는 길
배롱꽃 붉게 등을 밝혀 두었다

울며 가는 등 뒤엔
슬픔의 꽃 그림자 드리웠다
배롱꽃 등 아래
꽃 눈물 붉다

여름 낙엽

여름 낙엽이
가슴을 먹먹하게 한다

생을 다 살고 마감하는
아름다운 낙엽만을
생각했는데

미처 다 못한 생애 같은
그래서 안타까운
녹음 속에 떨어진 낙엽

아무도 보아주지 않는
예쁘지 않은 낙엽

화려하게 지고 싶었던
푸른빛도 퇴색된
여름 낙엽

옆자리

40년 전 찻집에서
기다리던 그의 옆자리

나를 위해 남겨둔 그 자리가
평생 나의 자리가 되었다

처음 만난 그때
그 수다방
그때 그 사람

이제는 내 옆에서
나의 옆자리가 되었다

시래기

시래기 널어놓은 걸 보니
마음이 따뜻해진다
시어머님 가시고 난 뒤
찾아간 시골집
외양간 지붕 밑
시래기를 널어놓으셨다

"어머님—" 하고 부르면
맨발로 뛰어나와
끌어안고 반겨주시던 어머님
이제는 아무 소리도 없다

자식들 주시려고
정성스럽게 말려 두시고
자식들 보고프면
가져가게 하시려던
시래기는, 자식 향한
어머님의 그리움이었다

한 올 한 올 정성스레
말려 두신 시래기
어머님 뵈려고 갔는데
시래기만 무심히
외양간을 지킨다

어머님의 마지막
그리움을 가져와서 먹으며
이제서야 자식은
어머님을 그리워합니다

이제는 내가 자식을
그리워할 차례인가 봅니다
올해도 시래기를
말려 봅니다
그리움을 말립니다

어머님의 텃밭

어머님 가시고
찾아간 시골집

쓸고 닦고
애지중지 하시던 장독대는
엄마 잃은 자식 마냥
얼룩진 모자를 뒤집어쓰고 있다

사흘 낮밤 세수도 안 한 자식이라
타박하시며 닦아 주셨을 텐데

앞마당 갈라진 시멘트 틈 사이로
주인 없는 틈을 타
봉숭아가 뿌리 내려
고목이 되려 한다

맨드라미 꽃도 나도 질세라
봉숭아꽃 옆에서 붉게 피었다

외양간 옆 한 귀퉁이
흙을 다독이며 호미질로 일군
어머님의 농작물
상치, 쑥갓, 시금치, 무, 배추
열 가지도 넘는 작물들

객지에 나간 자식들 생각에
어머님은 새벽잠을 줄이시고
호미를 들고
자식처럼 다독인 텃밭

시금치 가져가거라
무랑 배추도 얼른 가져가거라

전화를 거시지만
바쁘다는 자식들 목소리에
어머님의 애타는 마음은
깊어만 간다

"조금 더 크면 못 먹는데…"
조바심 섞인 혼잣말에
자식에 대한 그리움은
어머님의 가슴속에 메아리가 된다

나비

나비의 인생이
우리에게 찰나인 것처럼
우리네 인생도
어느 곳에서는 한순간
찰나이겠지

우아하고 아름다운
나비의 날갯짓
나의 마음을
읽어 달라는
무언의 표현

나비들이 날갯짓으로
바쁜 오월
나비의 마음을
읽어 볼까

아름답고 우아한
찰나의 생애를

밀양댁

집성촌
마을 입구에 들어서면
모두가 친척이다

인사마다
밀양댁 택호를 대면
무사히 통과한다

아들 바보 어머님
잘생긴 밀양댁 큰아들이
제일 큰 자랑거리

어머님 기운 없으시면
늘 쓰던 너스레
"밀양댁 큰아들 잘생겼네"

어머님 입가에 환한 미소
고단했던 일생에도
보약처럼 스며든다

밀양댁 큰아들, 잘생겼네
대신해 주면
멋쩍은 남편 미소
눈빛 속 그리움이 가득

어머님의 환한 미소가
바람에 스치듯 아리고
기억 속 그리움에 조용히 스며든다

어머님의 실 패

어머님 보내드린 지
벌써 다섯 해가 지났다

호탕하시던 성정
여장부 같으시던 모습
무섭기도 했지만
마음은 한없이 넓고 따뜻하셨다

층층시하 맏며느리로
험한 고개 넘어온 세월
부족한 며느리였건만
되갚음 한 번 없이
아낀다 하시며
일도 시키지 않으셨다

농사도 모르던 맏며느리
배우면 고생이라며
"나중에 힘든 일 많으니
지금은 아껴둬야 한다"
늘 하시던 말씀

세월이 흘러
서랍 속에 잠자고 있는
어머님의 무명실 감아놓은 실 패
나무젓가락 양쪽 끝에
청색·홍색 천을 씌워
곱게 감아 놓으신 실 패

바느질하라 남겨주셨건만
쓰려니 아까워
그저 눈으로만 바라본다

어머님 그리우면
나는 그저
실 패만 살며시 어루만진다

인연

한참을 못 봤던 사람도
어제 봤던 사람 같은
인연이 있고

계속 보아도
어색한 인연이 있다

참 인연은
그 사이에 보이지 않는
물길이 있었던 게지

말하지 않아도
눈빛만으로
마음을 읽어주는
마음속 물길로
오고 갔었던 게지

한동안 소식 뜸한
인연에게
어제 본 듯
소식 전해 봐야지

거리는 멀어도
마음 거리는 가까운
그 인연에게

손자

큰아들이 낳은 귀한 장손
하나밖에 없는 손자

할머니를 닮았다, 어쩌누
키 크고 잘생긴 할아버지를 닮지
하필이면 부족한 할머니를 닮았다

괜히 미안해지네
좋은 유전자 다 두고
왜 못난 할머니를 닮았을까

그 손자
아무것도 모르고 자꾸 웃는다
할머니가 좋다고 자꾸 웃는다

웃는 손자 얼굴 보니
자꾸 미안해진다
할머니는 손자한테
자꾸 미안해진다

윤회

좋고 싫었던 것들이
한데 어우러져
애착이 되고
집착이 되었던

몸의 한 부분을 내려놓고
홀가분해진다는 건
살갗이 떨어지는
아픔이겠지요

끝없는 윤회를 반복하는
나무들의 삶을 보며
몇 잎 달리지 않은
우리네 인생을 생각합니다

비워야 채워진다는
진리를 깨닫기까지
먼 길을 걸어왔습니다

낙엽 된 갈대 줄기가
채 사라지기도 전에
새로운 갈댓잎이
자리를 비켜 달라
새잎을 올립니다

"나 여기 있었노라"
전하려는 듯
잊히기 아쉬운 듯
기억해 달라는 듯

나뭇잎이 떨어지고
새잎이 돋듯이
우리도 언젠가
그럴 날 있겠지요

마지막 순간까지
기억해 달라고
곱게 색을 입혀
붉게 타오를 날 있겠지요

아름답게 타오를
그럴 날이 오겠지요

부부

풋풋하다 못해 어렸던 날
그대를 만나
그대는 씨줄 되고
나는 날줄 되어
베틀이라는 긴 인생의 열차에
올랐습니다

알 수 없는 희망을 품고 부풀어
젊음으로 모든 걸 감내할 수 있다고
사랑이 무엇인지도 모른 채
열심히 살아내기만 하면 된다고
옆도 볼 겨를 없이
최선을 다해 살았습니다

때로는 풀리지 않는 숙제에
서로의 가슴에 생채기도 내면서
부부라는 틀에 서로를 가두고
받지 못한 사랑이라며
갈구하고 살았습니다

받아도 받아도
고프기만 했던 마음에
원망만 하며 살았습니다
"오다가 주웠다"고 던지는 사랑을
표현할 줄 모르는 사랑이란 걸
그때는 몰랐습니다

세월 지나 희끗해지는 머리
서로 바라보는 나이가 되니
고픈 사랑을 채워주느라 애쓰는
당신을 모르고 외면했다는 걸
깨달았습니다

이제라도 깨달았으니
다행입니다
세월 앞에 퇴색되어 가는
서로를 바라보며
새 기도가 생겼습니다

두 손 잡고 나란히
인생길 걷다가
오래 외롭지 않게

가게 해 달라고

지금부터 그곳에 계신 분께
간절히 두 손 모으면
들어주실는지요

꼭 들어주시길 바랍니다

빨래

추운 겨울 널어둔
빨래를 걷으면
코끝에 닿는 찬바람 냄새
기분 좋은 차가움의 냄새
그 속에 가족의 살내음

살을 에이는 겨울바람에
명태처럼 얼었다
녹았다를 반복하며
실컷 시달려서
겨우 마른 빨래

두들겨 맞은 황태처럼
빨래가
부드러워질 때쯤이면
봄이 코앞에 와 있었다

행여 봄인가
발꿈치 들어 내다보면
아직 봄은 멀기만 하고

빨래 향기 맡으며
봄을 기다리는 애타는 마음

몰라주는 봄은
저만치서 느린 걸음으로
천천히 온다

제목 : 빨래
시낭송 : 박영애
스마트폰으로 QR 코드를 스캔하면
시낭송을 감상할 수 있습니다

12월의 첫날에

인내심 많은 12월
열두 장의 맨 뒷자리에서
순서를 기다리던
맏이의 마음 같은 12월
이제야 넘겨 보며
괜히 미안해집니다

꽃도 다 지고
앙상한 가지만 남은
추운 계절
외면하던 계절 앞에

지친 마음, 난로처럼
따뜻이 감싸 주고
"수고 많았노라"
위로해 주는 12월
괜스레 자꾸 미안해집니다

봄을 잉태한 엄마 같은
위대한 12월을
잘 살아야겠습니다

바깥세상으로 떠돌던 마음
이제야 돌아와
따뜻한 커피잔에
두 손을 녹입니다

내 마음의 정원

아주 옛날
내 인생의 봄날
마음속 깊은 곳에
작은 꽃씨 하나 심었다

오랜 세월
정성을 다해
소중히 물을 주며
가꾸어 왔다

작은 꽃 하나 피워 냈다
글꽃

인생의 여름을 지나
내 마음속 정원에
조심스레 꽃으로 피어났다

내 인생의 어느 가을날
내가 가꿔 온 정원엔
꽃들이 만발했다

지나던 나그네들
꽃이 예쁘다고
발걸음을 멈춘다

오랜 세월
남몰래 키워 온
나의 꽃밭
이젠 누구에게나
보여 주고 싶다

나만의 꽃밭이었던
행복의 정원을

찻물

비 오는 날
다기에 찻물을 끓인다

보글보글 찻물 끓는 소리
비 오는 소리와 닮았다

물 끓는 소리 따라
내 마음속으로 들어가면
마음의 끝, 종착역은
외로움, 깊은 외로움

외로움 속에서
진정한 나를 찾는다

메마른 세상 떠돌던
허기진 내 마음
차 한 잔에 적시며
허기를 달랜다

찻물 끓는 소리
빗소리 속에서
외로움과 친구가 된다

당신

당신, 너무 긴 그리움은 되지 마세요

남은 생 자로 재어 보니
살아온 생보다 너무 짧습니다

내가 당신의 그리움일지
당신이 나의 그리움이 될지
알 수 없는 인생이지만

서로 너무 긴 그리움은 되지
않기로 해요

그리움은 남은 자의 몫이 되는 것
남아 있는 이에게 너무 긴
그리움은 주지 않기로 해요

당신, 너무 긴 그리움은 되지 마세요

봄편지

동이 틀 무렵
고요한 새벽 속에
다솜* 한 줌 일렁입니다

바람결 따라
노고지리* 울음 건너오면
그대 오시는 소식*인가 싶어
작은 찻잔 소리에도
가슴이 먼저 뜁니다

마중물* 같은 내 마음
해사한* 봄빛 따라 조용히
그대 향해 흐릅니다

가온길* 끝에
그리운 눈길 가서 닿습니다

사름한* 봄바람 속에 묻어올
그대 소식* 기다립니다

바투* 닿는 그곳에 계실 그대
내 마음도 함께 따라나섭니다

* 다솜 : 사랑   * 노고지리 : 종달새   * 소식 :소문, 소리 등과 비슷한
* 마중물 : 기대감을 갖고 먼저 베푸는 마음 또는 첫 시작의 마음
* 해사한 : 맑고 밝으며 상쾌한 느낌
* 가온길 : 중심이 되는 길, 또는 중요한 길
* 눈길 : 시선, 눈으로 보내는 마음을 뜻하는 순우리말
* 사름한 : 서늘하면서도 아련하고 쓸쓸한 느낌
* 바투 : 가까이, 바로 옆에

세월로 가는 기차

봄까치꽃 활짝 웃고
안개 속 아지랑이 꿈틀거리던 날
잔발에 종종걸음으로 올라탄 세월의 기차

차창 밖으로 펼쳐지는 풍경은
살아내야 하는 우리의 숙제였다

맑은 날엔 긴 호흡을 내쉬어 보고
비 오는 날엔 우산을 나눠 쓰며 걸어온 날들

변해가는 창밖의 풍경처럼
우리의 인생도 서서히 물들어간다

걸어오느라 부르튼 상처도
세월 속에 아물어 간다

옹이처럼 딱지로 남아서
인생의 계급장처럼 당당하다

출발점은 기억 속에 희미해지고
얼마 남지 않은 종착역은
무색할 정도로 다가온다

천천히 가면 좋으련만
차창 밖이 화려하다

가을이라 곱게 색을 입혀 유혹한다
저무는 노을도 붉게 물들어
종착역을 잠시 잊게 한다

가까이 오는 줄도 모르고...

삶은 그렇게 흐른다

당신과의 사랑은
흐르는 물 같았습니다

억지로 담을 수 없고
막는다고 멈추지 않는

그저 흐르게 두면
맑은 노래가 되었고
손에 쥐려 하면
그 순간 사라졌지요

스치듯 지나간 줄 알았지만
어느 날 마음 깊은 곳에
당신의 물소리가
고요히 흐르고 있었습니다

비 오는 날 창가에 앉아
그대 이름을 떠올릴 때면
내 마음 어디쯤
잔잔히 일렁이는 물결 하나

붙잡지 않아도
그렇게 흘러가도
잊히지 않을 사랑이었습니다

훗날 먼 곳
어디엔가 닿아 있을
우리입니다

제목 : 삶은 그렇게 흐른다
시낭송 : 박영애
스마트폰으로 QR 코드를 스캔하면
시낭송을 감상할 수 있습니다

내 인생의 사계

내 인생의 봄날은
언 땅을 뚫고 피어난 복수초를 닮았다
힘겨움 속에서도
노란 봄빛 희망이 있었다

청춘의 여름날,
나침반 없는 항해를 하며
저 바다 끝이 아득하기만 했다
푸르기만 했던 내 청춘의 계절

지금 내 인생의 계절은 가을에 와 있다
푸르름의 계절을 지나
빛이 저무는 길목에 서 있지만
지나온 세월의 후회는 없다
고요히 저무는 노을처럼
곱게 물들고 싶다

내 인생의 겨울은 어디까지 이어질까
모든 것을 내려놓은 나목처럼
하얀 눈 위에서 눈꽃을 가슴에 안고
저 들판을 바라보리라

다시 올 봄의 계절에 넘겨주고
가벼운 날갯짓으로 날아오르리라

내 인생의 사계절은 고통이었으나
사랑이었다고 말하리라

제목 : 내 인생의 사계
시낭송 : 박영애
스마트폰으로 QR 코드를 스캔하면
시낭송을 감상할 수 있습니다

그리움은 하늘에 닿아

보고픈 얼굴
그리운 얼굴
세월 따라 늘어납니다

하늘 소풍 가신 아버지 어머니
뭐가 그리 바빴는지
뒤따라간 내 동생
엄마가 너무도 그리웠나 봅니다

모시 치마 위에 눕히고
부채질해 주시던 외할머니

첫째 딸 태어났다고
미역 사러 밤길 오십 리 달리셨던
어린 아버지

오남매 무릎 앞에 앉히시고
이야기보따리 풀어놓으시던 엄마

이십여 년
말없이 아픔을 견뎌내던 남동생

그리움 몽글몽글 피어올라
하늘 위로 오릅니다

동생은 그곳에서 못다 받은 사랑
혼자서 다 받고 있는지
도란도란 웃음꽃 피우는지

작은아들과 함께 행복하신지
못다 준 사랑 건네고 계신지

그리움의 무게만큼
모두 행복하시길

풍선처럼 부풀어 오른 그리움이
하늘에 닿아
안부를 전할 수 있기를

마음 풍선에 그리움을 실어
조용히 하늘로 띄웁니다

제목 : 그리움은 하늘에 닿아
시낭송 : 박영애
스마트폰으로 QR 코드를 스캔하면
시낭송을 감상할 수 있습니다

그리움은 하늘에 닿아
장희주 시집

2025년 10월 27일 초판 1쇄
2025년 10월 29일 발행
지 은 이 : 장희주
펴 낸 이 : 김락호
디자인 편집 : 이은희
기 획 : 시사랑음악사랑
연 락 처 : 1899-1341
홈페이지 주소 : www.poemmusic.net
E-Mail : poemarts@hanmail.net

정가 : 13,000원
ISBN : 979-11-6284-616-2

저작권자와 맺은 특약에 따라 검인은 생략합니다.
잘못된 책은 교환해 드립니다.